Komm mit auf den Bauernhof

© 2001 Velber im OZ Verlag GmbH, Freiburg
Alle Rechte vorbehalten
Text und Illustrationen: Corina Beurenmeister
Druck und Bindung: Proost, Belgien

ISBN 3-933813-95-6

Komm mit auf den Bauernhof

Corina Beurenmeister

Wenn du das Buch zum ersten Mal anschaust, dann achte auf diese kleinen Kästen: Hier steht zum Beispiel, was du mit den Bastelteilen ganz hinten im Buch machen kannst.

Hier beginnt die Geschichte von Lena und ihren Ferien auf dem Bauernhof.

In Lenas Geschichte bist du ganz wichtig. Denn dies ist ein Mach-mit-Buch. Das heißt, du kannst das Buch mitgestalten und die Geschichte mitbestimmen.
Zusammen mit Lena entdeckst du den Bauernhof mit all seinen Tieren. Du entscheidest mit, was ihr als Nächstes unternehmt. Und wenn Lena nicht mehr weiterweiß, dann kannst du ihr helfen.

Immer wenn du in der Geschichte einen Kasten wie diesen entdeckst, gibt es etwas für dich zu tun: Dann kannst du gemeinsam mit Lena eine Aufgabe lösen, etwas suchen und raten, malen oder auch spielen. Lass dich überraschen!

Und nun viel Spaß zusammen mit Lena auf dem Bauernhof!

Gleich geht's los

Lena freut sich. Sie darf Ferien auf dem Bauernhof machen! Bei Katrin und Onkel Tomas.
Der Ferienkoffer ist gepackt. Lena wartet nur noch auf Mama und Papa. Sie wollen Lena zum Bauernhof bringen.
Lena hält Tupsi, den Stoffhund, im Arm.
„Ich freue mich auf die vielen Tiere", flüstert Lena in Tupsis schwarzes Ohr. Tupsi hat ein schwarzes Ohr und ein weißes Ohr. Mit dem schwarzen Ohr kann er die Menschensprache verstehen.
„Ich freue mich auch", flüstert Tupsi ganz leise zurück.
Tupsi flüstert meistens. Die Erwachsenen sollen nämlich nicht merken, dass er sprechen kann.

Schneide den Koffer auf Seite 41 aus. Falte ihn und klebe ihn mit den Rändern auf Lenas Ferienkoffer links. Hier kannst du die Sachen hineintun, die du im Laufe der Geschichte ausschneidest.

So viele Pläne!

„Schön, dass ihr da seid!" Katrin nimmt Lena in die Arme. Und Onkel Tomas wirbelt Lena im Kreis durch die Luft. „Na", fragt er, „weißt du, was du alles machen willst?" Lena muss nicht lange nachdenken: „Mit dir aufs Feld fahren. Und mit Katrin auf den Markt gehen. Und natürlich alle Tiere besuchen."
Onkel Tomas lacht. „Du hast aber viele Pläne! Und womit fangen wir morgen früh an?"
Morgen früh? Da möchte Lena gleich zum Esel. Oder zuerst die Katzen suchen? Lena kann sich nicht entscheiden. Doch Tupsi hat eine Idee. Leise flüstert er Lena zu: „Wir ziehen einfach Lose." Lena ist begeistert. „Das ist eine tolle Idee!" Also schneidet Lena Loskärtchen aus. Auf die Kärtchen malt sie die Tiere. Und jedes Mal, wenn Lena und Tupsi nicht wissen, was sie als Nächstes machen wollen, ziehen sie ein Kärtchen.

Schneide die Tierkärtchen auf Seite 44 und am Rand der Seite aus.

*Wenn du willst, kannst auch du Kärtchen ziehen.
Dann kannst du sehen, was für spannende Dinge
Lena und Tupsi auf dem Bauernhof erleben.
Lege die Kärtchen aus diesem Buch umgedreht hin.
Decke eines auf und suche die passende Seite.
Und wenn du das nächste Tier besuchen möchtest,
dann kommt das nächste Kärtchen an die Reihe.
Wenn du alle Kärtchen mit den Tiermotiven umgedreht
hast, dann blättere auf die Seite 40.
Die Kärtchen kannst du am Schluss alle in Lenas
Koffer tun!   Ziehe das erste Tierkärtchen.*

Antje und Anneke

Draußen knattert der Traktor.
„Onkel Tomas", ruft Lena, „wo fährst du hin?"
„Auf die Kuhweide", sagt Onkel Tomas. „Kommst du mit?"
„Klar!", ruft Lena und klettert mit Tupsi auf den Traktor.
Dann fährt Onkel Tomas los.
Vorsichtig hält Lena Tupsi auf ihrem Schoß fest.
„Sind die Kühe immer auf der Weide?", fragt Lena.
„Nein, in der Nacht sind sie im Stall. Dort werden sie morgens und abends gemolken. Und im Winter, wenn es draußen kein Futter gibt, lassen wir sie auch im Stall."
Draußen auf der Weide füllt Onkel Tomas die Tränke auf.
Gleich kommt eine durstige Kuh näher.
„Das ist die Sissi, die ist ganz lieb." Onkel Tomas beruhigt Lena, die ein bisschen ängstlich aussieht.
Lena und Tupsi wundern sich. Wie kann Onkel Tomas die Kühe auseinander halten? Sie sehen doch alle ähnlich aus.
„Ist doch ganz einfach", erklärt er, „jede Kuh hat ein anderes Muster. Nur Antje und Anneke sind genau gleich. Sie sind Zwillinge. Entdeckt ihr sie?"

Findest du Antje und Anneke?
Welche Kuh hat braune und weiße Flecken?
Wie viele Kühe haben nur braune Flecken?
Wie viele Kühe siehst du hier auf der Weide?
Blättere gleich weiter.

Die schönste Vogelscheuche

„So ein Ärger!", schimpft Onkel Tomas. „Die Vögel picken mir alle Früchte weg. Die Vogelscheuche nützt überhaupt nichts!"
„Welche Vogelscheuche?", fragt Lena.
„Na, der Stock da drüben, mit der Kugel", sagt Onkel Tomas.
„Davor hat bestimmt kein Vogel Angst!", flüstert Tupsi.
„Du hast Recht", meint Lena. „Weißt du was, Onkel Tomas, wir bauen dir eine richtige Vogelscheuche!"
Lena und Tupsi gehen auf die Suche. In der Scheune finden sie eine alte Jacke. Die Nachbarin schenkt ihnen einen Schlapphut. Und von Katrin bekommen sie einen kaputten Rock.
Dann laufen sie zurück zur Vogelscheuche und ziehen ihr die Sachen an. Um den Hals knoten sie einen Schal von Katrin. Und zum Schluss malt Lena der Vogelscheuche noch ein Gesicht.
Voller Stolz betrachten Lena und Tupsi ihre Vogelscheuche. Ob sich jetzt wirklich keine Vögel mehr hertrauen?
Lena und Tupsi verstecken sich und warten.
Dann kommt der erste Vogel. Dann noch einer. Und noch einer. Und dann fliegen sie wieder fort! Alle! Die neue Vogelscheuche funktioniert!
„Das ist die beste Vogelscheuche der Welt!", flüstert Lena in Tupsis schwarzes Ohr.

Willst du Lena und Tupsi helfen? Auf Seite 41+43 sind eine Jacke, ein Rock und ein Hut. Die kannst du auf das Bild rechts kleben. Dann darfst du der Vogelscheuche ein Gesicht aufmalen!

Schneide die Vögel auf Seite 41 aus. Falte sie in der Mitte. Nun kannst du mit ihnen spielen.

Willst du Vogelscheuche spielen?
Lege deine kleinen Vögel auf den Baum. Hole tief Luft. Und dann versuchst du, sie mit einem Mal wegzublasen. Sind alle fort? Warst du einen gute Vogelscheuche?
Ziehe das nächste Tierkärtchen.

Wo sind die Eier?

„Hallo, ist da jemand?"
Draußen auf dem Hof steht die Nachbarin und sucht
Katrin. Denn sie möchte zehn frische Eier kaufen.
„Ich muss nachschauen, ob wir überhaupt so viele
Eier haben", meint Katrin. „Lena, hilfst du mir suchen?
Die Hühner legen ihre Eier nämlich an versteckten Orten.
Am liebsten würden sie alle Eier ausbrüten. Aber dann
wäre bald der ganze Hof voller Hühner."
Lena hilft gerne beim Eiersuchen. Aber die meisten Eier
findet Tupsi. Denn Tupsi hat eine sehr feine Nase!
Bald ist die Eierschachtel für die Nachbarin voll.
„Klasse!", lobt Katrin. „Und wenn ihr morgen früh
wieder Eier findet, essen wir sie zum Frühstück!"

Findest du auch 10 Eier?
Wie viele Hühner siehst du?
Findest du auch den Hahn?
Ziehe das nächste Tierkärtchen.

Leckerbissen für Nico

Knarrend geht die schwere Stalltür auf. Lena und Tupsi zwängen sich an ihr vorbei in den Stall.
„Nico", ruft Lena. „Nico!"
Da ertönt ein lautes „I-ah, I-ah".
Ganz hinten im Stall entdecken sie Nico, den Zwergesel.
„Hallo, Nico," flüstert Lena ihm ins Ohr, „wir haben Mohrrüben mitgebracht. Magst du sie?"
Nico hat Lena ganz genau verstanden und nickt fröhlich mit dem Kopf. Denn Nico liebt Mohrrüben. Schnell hat er alle aufgefressen.
Jetzt hat Tupsi eine freche Idee: Lena und er suchen noch ein paar Mohrrüben, Äpfel und Schinken, aber auch eine alte Socke. Sie wollen Nico alles anbieten. Was wird er wohl fressen? Und was mag er nicht?
Zuerst geben sie ihm Äpfel. Dann Mohrrüben.
Nico futtert alles auf.
Plötzlich hält Lena ihm die Socke hin.
„Bäh", schnaubt Nico. Und lässt einfach sein Maul zu.
Eigentlich fressen Esel ja fast alles. Aber Socken mag selbst ein Esel nicht!

Schneide den Halbkreis, die Linien um den Eselkopf und den Kreis über Lenas Hand aus. Dann schneidest du die Scheibe mit den Eseln von Seite 44 heraus. Stich ein Loch durch den gelben Punkt und durch die Mitte der Scheibe. Befestige die Scheibe mit einer Briefklammer hinter dem Esel.

*Willst du sehen, was Nico gerne mag?
Wenn du die Scheibe drehst, erscheint eine neue Speise – und der Esel verändert sein Gesicht.
Was mag er wohl am liebsten? Und was mag er überhaupt nicht?*

Blättere gleich weiter.

Juhu, Spagetti!

„Das ist ein Elefant!" – „Nein, ein großer Hut." –
„Ich finde, es ist ein Auto!"
Katrin, Lena und Tupsi gucken sich die Wolken am Himmel an und spielen „Wölkchenraten".

*Kennst du das Spiel Wölkchenraten?
Ihr könnt es auch mit Watte spielen. Formt kleine Figuren. Und dann wird geraten: Was könnte das sein? Eine Maus? Oder eher ein Teddy?
Wer hat die lustigsten Ideen?*

„Ich hab's!", ruft Lena. „Diese Wolke sieht wie ein großer Teller Spagetti aus!"
In diesem Moment fängt Lenas Magen an zu knurren. Und Tupsis Magen knurrt auch!
Katrin lacht. „Weißt du was?", sagt sie. „Wir kochen uns Spagetti mit Tomatensoße?"
„Juhu!" Lena freut sich, denn das ist ihr Lieblingsessen. Und schon läuft sie los, um den Tisch zu decken.
Sie holt Gabeln, Löffel, Teller: einmal für Katrin, einmal für Lena – und einmal für Tupsi!
Jetzt können die Spagetti kommen.

Hilfst du Lena, den Tisch zu decken? Dann drehe die Scheibe. Schaffst du es, sie so zu drehen, dass vor jedem Stuhl ein Teller steht?

Ziehe das nächste Tierkärtchen.

Was baut Onkel Tomas?

„Benno, Benno!", ruft Lena. Sie sucht den Hofhund schon eine ganze Weile. Endlich! Da kommt Benno hinter der Scheune hervorgerannt. Laut bellend bleibt er vor ihr stehen. Dabei fällt ihm ein Stück Holz aus dem Maul. „Wuff", bellt er, und schon ist er wieder verschwunden.
„Benno!", ruft Lena noch einmal.
Und tatsächlich: Benno kommt zurück. Fröhlich wedelt er mit dem Schwanz und lässt noch ein Stück Holz fallen. Als Lena es aufheben möchte, ist Benno wieder weg. Wohin läuft er denn immer?
Neugierig sieht Lena hinter dem Schuppen nach.
Dort steht Onkel Tomas und sägt Holz.
„Onkel Tomas!", ruft Lena erstaunt. „Was machst du da?"
Onkel Tomas tut geheimnisvoll. „Das verrate ich noch nicht. Aber wenn du willst, kannst du mir helfen. Halte die Latten fest, dann kann ich sie besser zusammennageln."
Natürlich hilft Lena gerne. Denn sie ist sehr gespannt, was Onkel Tomas baut.

Willst du herausfinden, was Onkel Tomas baut?
Verbinde die Pfeile. Beginne dabei mit dem roten Pfeil.
Wenn du möchtest, kannst du die Seite bunt anmalen!
Ziehe das nächste Tierkärtchen.

Viele, viele Schafe

Katrin, Lena und Tupsi haben es sich in der Küche gemütlich gemacht. Plötzlich hören sie es draußen bellen. Katrin schaut aus dem Fenster: „Oh, da kommen Schafe!", ruft sie.
Ein Schäfer treibt eine Schafherde am Hof vorbei. Und ein großer Schäferhund hilft ihm.
Lena läuft mit Tupsi zum Hof hinaus. Sie mag Schafe sehr, weil die so ein schönes wollig-weiches Fell haben. Bald sind sie von vielen Schafen umringt. Lena muss nur ihre Hände ausstrecken, um die Schafe zu streicheln. Doch Tupsi hat ein wenig Angst.
„Das sind so viele Schafe", flüstert er. „Und wie groß die sind." Da verspricht Lena, ihn gut fest zu halten.

Suche Watte und beklebe die Schafe damit.

Willst du fühlen, wie weich die Schafe sind?
Wenn du die Schafe mit Watte beklebt hast, kannst du sie streicheln. Mach dabei auch einmal die Augen zu.

„Gehören alle Schafe Onkel Tomas?", fragt Lena den Schäfer.
„Nein, ich hüte immer die Schafe von mehreren Bauern", erklärt der Schäfer. „Wir ziehen im Sommer von einer Weide zur anderen, dann haben die Schafe immer genug zu fressen."
Lena ist begeistert von den Schafen.
„Wenn ich groß bin, möchte ich Schäferin werden!", flüstert sie Tupsi ins Ohr.

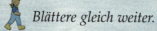
Blättere gleich weiter.

Weizenernte

„Aufwachen, Lena!", ruft Katrin. „Heute ist Weizenernte!"
Hui, schon ist Lena aus dem Bett gesprungen und zieht sich an. Onkel Tomas hat versprochen, Lena und Tupsi mitzunehmen.
Draußen auf dem Weizenfeld steht schon der Mähdrescher. Das ist ein riesengroßes Fahrzeug. So groß, dass Lena und Onkel Tomas über eine Leiter in die Kabine klettern müssen. Von da oben können sie über das ganze Feld schauen. Schon fährt Onkel Tomas los. Lena beobachtet, wie der Mähdrescher die langen Getreidehalme abschneidet. Dann verschwinden die Halme innen im Mähdrescher.
„Onkel Tomas", fragt Lena, „was passiert jetzt mit den Halmen?"
Onkel Tomas erklärt das gern: „Innen im Mähdrescher werden die Ähren gedroschen. Dadurch fallen die Getreidekörner heraus. Sie fallen in einen großen Korntank. Ein Lastwagen bringt die Körner nachher zur Mühle."
„Schau mal nach hinten", meint Onkel Tomas, „da fällt das leere Stroh aus dem Mähdrescher. Später wird es eingesammelt. Wir brauchen das Stroh für die Tiere im Stall."
Lena findet den Mähdrescher toll. An einem anderen Tag will sie mit zur Mühle fahren. Denn da kann sie sehen, wie aus den Weizenkörnern Mehl gemacht wird.

Schneide das Mähdrescherteil auf Seite 44 aus und klebe es hier auf: Klebe den roten Rand auf den blauen Streifen in der Mitte des Mähdreschers.

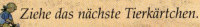
*Willst du sehen, was innen im Mähdrescher passiert? Dann kannst du den Mähdrescher aufklappen und hineinschauen!
Ziehe das nächste Tierkärtchen.*

Katzenspiele

„Unsere Minka hat Junge", erzählt Katrin.
Lena ist begeistert, denn sie hat die schwarz-graue
Tigerkatze besonders gern.
Sie stellen in der Scheune ein Schälchen mit Futter auf.
Und gleich kommen zwei kleine Kätzchen angelaufen.
„Fangen die auch schon Mäuse?", fragt Lena.
„Nein", sagt Katrin, „das haben sie noch nicht gelernt."
Lena und Tupsi schauen sich an. Beide haben die gleiche
Idee. Ob sie mit den Kätzchen das Mäusefangen üben?
Lena bastelt zwei Pappmäuse und bindet sie an lange
Wollfäden. Dann legen sie die Mäuse auf den Boden.
Neugierig kommen die Kätzchen näher. Vorsichtig strecken
sie die Pfoten nach den Mäusen aus. Und ruck! Schon
hat Lena die Mäuse weggezogen. Sofort springen die
Kätzchen hinterher! Ruck! Wieder sind die Mäuse weg.
Lena tobt mit den kleinen Katzen, bis die Woll-
fäden ganz durcheinander geraten sind.

Schneide die Maus auf Seite 41 aus und falte sie. Wenn du sie mit Klebefilm umwickelst, wird sie stabiler. Stich hinten ein kleines Loch ein und knote hier einen langen Wollfaden fest. Das ist der Schwanz der Maus. Mit dieser Maus kannst du nun spielen.

Hilfst du Lena, die Fäden zu entwirren? Kannst du erkennen, welche Maus an Lenas Faden hängt?

Ihr könnt zu zweit Mäusefangen spielen. Setzt euch an einem Tisch gegenüber. Das Pappmäuschen mit dem Wollfaden liegt in der Mitte. Dann beginnt das Spiel. Einer von euch versucht die Maus mit der Hand zu fangen. Der andere muss rechtzeitig an der Schnur ziehen. Konnte die Maus entkommen? Wenn sie gefangen wurde, wechselt ihr die Rolle.
 Ziehe das nächste Tierkärtchen.

Das Bad im Schlamm

„Besuchen wir die Schweine?", fragt Lena Onkel Tomas. „Gern." Onkel Tomas lacht. „Aber wir ziehen besser unsere Gummistiefel an."
Die Schweine sind vor dem Stall. Dort ist ein kleiner Platz mit einer Schlammgrube. Drum herum steht ein Holzzaun, damit die Schweine nicht weglaufen können.
„Oh, da sind ja kleine Ferkel!", ruft Lena und strahlt. Schon klettert sie auf das Gatter. Sie beugt sich vor, damit sie und Tupsi besser sehen können. Da ist eine Sau mit vielen kleinen Ferkeln. 1, 2, 3, 4, 5, 6, 7, 8, 9 kleine Ferkel zählen Lena und Tupsi.
„Pass auf!", ruft es da an Lenas linkem Ohr.
Lena erschrickt. Fast wäre Tupsi in den Dreck gefallen! Den Schweinen gefällt der Schlamm. Sie scheinen sich richtig wohl zu fühlen. Gerade wälzt sich die Sau wieder im Dreck. Und ein Ferkel macht es ihr sofort nach.
„Igitt", meint Lena, „wie dreckig die sind."
„Schweine suhlen sich im Schlamm, um sich abzukühlen", erklärt Onkel Tomas. „Sie können nämlich nicht schwitzen. Außerdem vertreiben sie so Mücken. Der Dreck tut den Schweinen also gut und ist sogar richtig gesund."
Lena und Tupsi hören aufmerksam zu. Und auf einmal finden sie die Schweine gar nicht mehr so dreckig.

Male den Schweinen Matschflecken auf. Jedes Mal, wenn du das Buch anschaust, kannst du neue Matschflecken malen.
Ziehe das nächste Tierkärtchen.

Störche am Bach!

Schneide den Storch auf Seite 42 aus. Stich mit einer Briefklammer durch die beiden gelben Punkte und befestige den Storch auf der rechten Seite.

„Komm schnell", ruft Onkel Tomas, „unten am Bach sind zwei Störche!"
Lena packt Tupsi und läuft mit Onkel Tomas zum Bach.
„Früher gab es hier im Sommer viele Störche", erzählt Onkel Tomas. „Jetzt sieht man nur noch ganz wenige."
„Und warum?", will Lena wissen.
„Störche ernähren sich von Fröschen und kleinen Fischen", erklärt Onkel Tomas. „Aber heute gibt es nicht mehr viele Teiche, in denen Frösche leben können. Und darum finden Störche hier auch nicht mehr genug zu fressen."
Er gibt Lena sein Fernglas. Lena beobachtet die beiden Störche ganz genau. Schwupp! Da pickt ein Storch mit seinem langen Schnabel ins Wasser. Ob er wohl etwas gefangen hat? Vielleicht einen Frosch? Oder einen Fisch?

Wenn du den rechten Storch bewegst, versucht er den Frosch im Teich zu schnappen. Ob er ihn wohl erwischt?

Lena, Tupsi und Onkel Tomas schauen den Störchen eine ganze Weile zu. Doch dann schwingen sich beide Störche hoch in die Luft und fliegen weiter.
Auf dem Rückweg bringt Lena Onkel Tomas das Storchenlied bei. Mit lauter Stimme singen sie:
„Auf unsrer Wiese gehet was ..."

Auf unsrer Wiese gehet was, watet durch die Sümpfe,
es hat ein weißes Röcklein an, trägt auch rote Strümpfe,
fängt die Frösche, schwapp, wapp, wapp,
klappert lustig, klapperdiklapp!
Wer kann es erraten?

Willst du das Storchenlied mitsingen?
Blättere gleich weiter.

Auf dem Markt

Lena, Tupsi und Katrin sind ganz früh aufgestanden. „Heute fahren wir zum Markt", erklärt Lena Tupsi. Es ist noch ziemlich dunkel, als sie den Lieferwagen mit Gemüse- und Obstkisten beladen und losfahren. Einmal in der Woche baut Katrin einen Stand auf dem Markt auf. Diesmal hilft ihr Lena.
Zuerst bringen sie eine Markise an. Dann stellen sie die Kisten auf: Das Gemüse kommt in die unteren Reihen, das Obst in die oberen Reihen.
Als sie fertig sind, steigt Lena auf eine Obstkiste hinter dem Stand. Jetzt ist sie groß genug und kann alles gut sehen.
Da kommt auch schon die erste Kundin. Sie möchte zwei Schalen Pflaumen kaufen. Lena sucht zwei schöne Schalen aus. Das Geld, das sie dafür bekommt, legt sie gleich in die Kasse. Lena ist stolz: „Das macht noch mehr Spaß als Kaufladen spielen."
Als Nächstes verkauft Lena Tomaten. Dann einen Salatkopf und Äpfel.
Zur Mittagszeit ist alles Gemüse weg. Nur etwas Obst ist noch da. Katrin, Lena und Tupsi können zufrieden sein.

Auf Seite 44 findest du die grüne Markise für den Marktstand. Falte sie und klebe die Pünktchenfläche oben an die Stange.

Schneide die Obst- und Gemüsekisten vom Rand der Seite aus.

Hilfst du mit, die Kisten aufzustellen?
In welchen Kisten ist Obst und wo ist Gemüse?
Dann kannst du Verkaufen spielen.

Blättere gleich weiter.

Tomaten-Ernte

„Lena, würdest du mir bitte vier Tomaten aus dem Gemüsegarten holen?", fragt Katrin.
„Klar", antwortet Lena. Sie nimmt Tupsi auf den Arm und rennt los.
Am Rand des Gemüsegartens setzt sie Tupsi wieder ab. Schließlich braucht sie beide Hände zum Ernten.
Lena weiß, wo die Tomaten wachsen: Sie läuft an den Salatköpfen vorbei, an den Kürbissen und den anderen Gemüsebeeten. Die Tomaten sind ganz hinten im Garten.
Als sie die erste Tomate pflücken will, hört sie Tupsi jammern. „Lena, wo bist du?"
„Hier drüben, Tupsi", ruft Lena und winkt.
Aber Tupsi ist klein. Und das Gemüse wächst so hoch, dass er Lena nicht sehen kann.
„Einfach am Salat vorbei", ruft Lena, „und dann nach links!"
Da macht sich Tupsi auf den Weg.

Hilfst du Tupsi, den Weg zu Lena zu finden?
In Katrins Garten wachsen viele Gemüsesorten.
Welches Gemüse kennst du?
Es gibt Salat, ein Beet mit verschiedenen Kürbissorten, Rettich, Mohrrüben, große weiße Rüben, Spitzkohl, Blumenkohl, kleine Gurken, Zucchini, Paprika, Erbsen und Tomaten. Ziehe das nächste Tierkärtchen.

Die neue Ponyfrisur

Lena und Tupsi sitzen auf dem Zaun an der Pferdekoppel. „Mir fällt einfach nichts ein", seufzt Lena. „Morgen hat Katrin Geburtstag. Und ich weiß nicht, womit ich ihr eine Freude machen kann."
Da kommt Tramp, Katrins Pony, über die Koppel zu ihnen. Tramp reibt seinen Kopf an Lenas Hose.
„Weg mit dir", ruft Lena lachend. „Du bist ja total dreckig." Tramps Fell ist völlig mit Schlamm verkrustet! Bestimmt hat er sich irgendwo im Matsch gewälzt.
Plötzlich ist Tupsi ganz aufgeregt. „Ich habe eine Idee", sagt er zu Lena. „Wir striegeln Tramp, bis er wieder ganz sauber ist. Und dann machen wir ihn fein. Darüber wird sich Katrin bestimmt freuen!"
Lena gefällt die Idee. Sie geht in den Stall und holt die Bürsten. Und dann geht's los.
Puuh, der getrocknete Matsch geht kaum ab. Aber nach einiger Zeit glänzt das Fell wieder. Und die Mähne ist richtig schön gekämmt.
Jetzt sucht Lena noch bunte Bändchen. Diese bindet sie dem Pony in die Mähne und in den Schweif.
Als Katrin Tramp am nächsten Tag sieht, freut sie sich riesig. Sie freut sich so sehr, dass sie Lena eine Runde auf dem Pony um den Hof führt!

Mit langen dicken Wollfäden kannst du dem Pony eine echte Mähne und einen langen Schweif ankleben. Achte darauf, dass du alle Fäden nur an einem Ende anklebst!

Du kannst das Pony mit den Fingern kämmen. Möchtest du es auch festlich schmücken? Suche bunte Bändchen und binde sie um ein paar Wollfäden im Schweif.
Blättere gleich weiter.

Ein bunter Blumenstrauß

Auf Seite 43 ist die Vase für das Esszimmer. Streiche Klebstoff auf die Pünktchenränder. Klebe die Vase dann auf die rechte Seite. Schneide die Blumen am Rand aus. Auf Seite 43 sind noch mehr Blumen. Du kannst sie bunt anmalen. So bunt, wie es dir gefällt.

Katrins Blumengarten ist wunderschön! Tupsi legt sich auf die Erde und schnuppert den Duft der vielen Blumen. Lena möchte einen großen Blumenstrauß für die Vase im Wohnzimmer pflücken.
Aber welche Blumen soll sie pflücken? Es gibt so viele verschiedene. Da sind blaue und rote und gelbe Blumen. Lena kann sich gar nicht entscheiden.
Doch dann hat sie eine Idee! „Ich pflücke einen Blumenstrauß, der die gleichen Farben hat wie meine Kleider", erklärt sie Tupsi.
Sie beginnt mit einer Blume, die so blau ist wie ihre Jeanshose. Dann kommen zwei gelbe Blumen dran: für jeden Gummistiefel eine ...
Bald ist der Strauß fertig. Lena findet, dass er sehr schön aussieht. Und Tupsi findet, dass er prima duftet!

Hilfst du Lena? Welche Farbe hat ihr T-Shirt? Und ihr Halstuch? Stelle die Blumen, die zu Lenas Kleidung passen, in die Vase. Oder willst du einen eigenen Strauß pflücken?
Welche Farben haben deine Kleider heute? Gibt das auch einen schönen Strauß? Ziehe das nächste Tierkärtchen.

Bis bald!

Lena und Tupsi sitzen auf der Treppe vor dem Haus.
Lena hält ein Kätzchen auf dem Schoß.
Auf einmal spürt sie, wie das Kätzchen unruhig wird.
Im nächsten Moment biegt ein Auto in den Hof ein.
„Mama! Papa!" Lena springt auf.
Papa wirbelt Lena vor Freude in der Luft herum.
Und Mama drückt Lena ganz fest an sich.
„Na, war´s schön?", fragt sie.
Lena nickt und strahlt. „Tupsi und ich haben eine Idee", sagt sie. „Können wir nicht alle hier bleiben?"
Mama lacht. „Das geht leider nicht. Aber du kannst Onkel Tomas, Katrin und die Tiere bald wieder besuchen!"

Bastelteil

Auf den nächsten Blättern findest du Sachen zum Ausschneiden und zum Basteln. Am besten schneidest du alles erst dann aus, wenn du es wirklich brauchst. Und das erfährst du im Laufe der Geschichte.

Seite 6: Koffer
--- *Nach vorne falten.*
--- *Nach hinten falten.*

Seite 12: Vögel
--- *Nach vorne falten.*

Seite 26: Maus
--- *Nach vorne falten.*

Seite 12:
Jacke der Vogelscheuche

Seite 30: Storch

Seite 12:
Rock der Vogelscheuche

mach mit

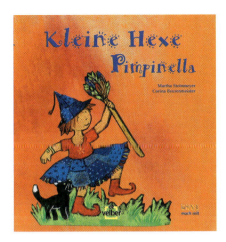

Kleine Hexe Pimpinella

Text: Martha Steinmeyer
Illustrationen:
Corina Beurenmeister
ISBN 3-933813-93-X

Die kleine Hexe Pimpinella wird heute 6 Jahre alt. Alt genug, um sich auf die Suche nach den Siebensachen zu machen, die jede Hexe braucht: Hexenstiefel, Hexenhut und Hexenrock, Kater und Rabe, Kessel und Besen. Doch es ist nicht leicht, die Siebensachen zu finden.
Wer hilft Pimpinella bei ihrer Suche? Wer zeigt ihr den Weg durch den Siebenkräuterwald? Wer weiß die richtigen Zaubersprüche? Wer tanzt mit ihr den Hexentanz?

Komm mit auf den Bauernhof

Text und Illustrationen:
Corina Beurenmeister
ISBN 3-933813-95-6

Lena freut sich. Sie darf Ferien auf dem Bauernhof machen!
Zusammen mit Tupsi, ihrem Stoffhund, überlegt sie, was sie zuerst unternehmen soll. Tramp, das Pony, besuchen? Mit Onkel Tomas Traktor fahren? Oder den Kätzchen das Mäusefangen beibringen? Lena und Tupsi beschließen, Lose zu ziehen ...
Ein Mach-mit-Buch, das Kindern das Leben auf dem Bauernhof besonders eindrucksvoll nahe bringt.

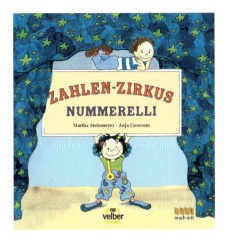

ZAHLENZIRKUS NUMMERELLI

Text: Martha Steinmeyer,
Illustrationen: Anja Goossens
ISBN 3-933813-94-8

Max staunt: So einen Zirkus hat er noch nie gesehen!
Celina, die Tochter des Zirkusdirektors, hat Max mitgenommen. Und nun darf er in der Manege helfen: das Einhorn kämmen, mit 6 Buntelefanten und 7 Purzelbären turnen und 8 Schlangen beschwören ...
Eine Mach-mit-Geschichte, die fröhlich bunten Zähl- und Zahlenspaß bietet.
Wer bei den 10 Zirkusnummern mit macht, wer mit sucht und zählt, malt und spielt, lernt ganz nebenbei die Zahlen von 1 bis 10.

mach-mit - Geschichten

für Kindergarten- und Grundschulalter
48 Seiten, durchgehend farbig illustriert
Hardcover / 23 x 24 cm / ca. 420 g
DM 19,90 / ÖS 145 / SFr 18,80

Jedes Buch: erhältlich im Buchhandel und beim BPV-Kunden-Service,
Römerstraße 90,
79618 Rheinfelden/Baden
oder per Fax: 07623/964-255

*unverbindliche Preisempfehlung